Le sedusant vampire

John Danen

Published by John Danen, 2023.

While every precaution has been taken in the preparation of this book, the publisher assumes no responsibility for errors or omissions, or for damages resulting from the use of the information contained herein.

LE SEDUSANT VAMPIRE

First edition. October 9, 2023.

Copyright © 2023 John Danen.

ISBN: 979-8224090013

Written by John Danen.

Table des Matières

Introduction.

Je fais ce livre parce que je me suis rendu compte qu'il y a d'énormes similitudes entre le vampire et le séducteur. Le vampire est voué au mal, un être des ténèbres corrompu par le mal. C'est un être nocturne qui a de grandes capacités de séduction, un pouvoir énorme et une longue vie.

Le séducteur est lui aussi un être des ténèbres, doté de grandes capacités de séduction, bien qu'elles ne soient pas innées, mais travaillées de manière très laborieuse. Il dispose également d'un énorme pouvoir et d'une longue vie dans la séduction, et si la facette sombre de la séduction prédomine, le séducteur sera dévoué au mal, de sorte qu'ils sont très similaires en termes de ce qu'ils sont.

Le vampire mord et donne la vie éternelle à celui qu'il mord, ou tue carrément. Le séducteur conquiert les filles, les embrasse et c'est l'équivalent de la morsure du vampire. Ensuite, il leur donne une vie bonne ou mauvaise selon ce qu'elles méritent, généralement mauvaise mais supportable. La seule différence importante est que le vampire est un être surnaturel et que le séducteur a lui aussi des capacités presque surnaturelles, mais il ne l'est pas. L'essence est très similaire.

J'espère que vous ne prendrez pas ce livre pour une blague, car ce que je vais écrire est d'une grande importance et je suis sûr que vous ne vous en êtes pas rendu compte, et s'il y a de vrais vampires, eh bien, il vaut mieux qu'ils ne viennent pas me rendre visite, et s'ils le font, qu'ils m'offrent quelque chose de qualité, comme la vie éternelle et des choses comme ça, sinon je suis très heureux d'être un séducteur.

Les vêtements du vampire.

Le vampire est bien plus élégant que le séducteur, sans aucun doute. Le vampire classique du XIXe siècle porte une cape, un chapeau haut de forme, un costume élégant, un col haut, des couleurs blanches, rouges et noires et a une allure raffinée et élégante, en grande partie grâce à ses vêtements. Le vampire romantique, c'est-à-dire du XIXe siècle, est très bien habillé avec des vêtements de qualité, et porte souvent des vêtements qui ne sont plus à la mode aujourd'hui, comme la cape ou la canne.

Le vampire attire l'attention partout où il va. Il porte également des lunettes de soleil foncées, de préférence bleues, qui lui permettent de sortir à la lumière du jour. Ce n'est pas le cas de tout le monde, mais de certains.

La tenue du séducteur.

Si le séducteur n'appartient pas à "l'école du port" que j'ai expliquée dans le livre Seduction 5.0, il ne s'habille pas excessivement bien, il s'habille de façon décontractée, à sa guise, il peut être élégant, il peut être sportif, bref, il crée son propre style et s'identifie à ce style. Le séducteur ne s'habille jamais aussi élégamment et bien qu'un vampire, parce que son raffinement et son exquise n'est pas aussi grand que celui d'un vampire. Seuls quelques séducteurs très, très fins s'approchent de la très haute qualité vestimentaire et de l'élégance du vampire.

État-major de commandement.

Un accessoire que les vampires portent souvent est leur canne. Vous n'avez probablement pas réalisé ce que signifie cette canne. Cette canne est portée par le vampire non pas parce qu'il est vieux ou qu'il a du mal à marcher. C'est le bâton de commandement, qui est porté par les rois, les princes, les personnes de haute noblesse, les militaires, les chefs ou les dictateurs. Porter le bâton signifie que l'on a de l'autorité. Cela signifie que celui qui le porte commande. Le bâton de commandement vous donne un statut supérieur à tous les autres, vous serez celui qui commande et dirige tout le monde. Dracula et de nombreux vampires le portent. Il s'agit d'un bâton élégant, richement ouvragé et orné, fait de métaux et de pierres précieuses, qui donne au vampire une touche de richesse et de puissance. En général, le vampire appartient à la noblesse, voire à la royauté, et c'est pour cela qu'il le porte.

Le bâton de commandement est tenu par les autorités, les maires, les maréchaux, les empereurs, les présidents de pays et bien sûr... les vampires.

Vous pouvez également vous défendre avec, si nécessaire, en infligeant des coups violents à vos ennemis.

Le long manteau ou la cape.

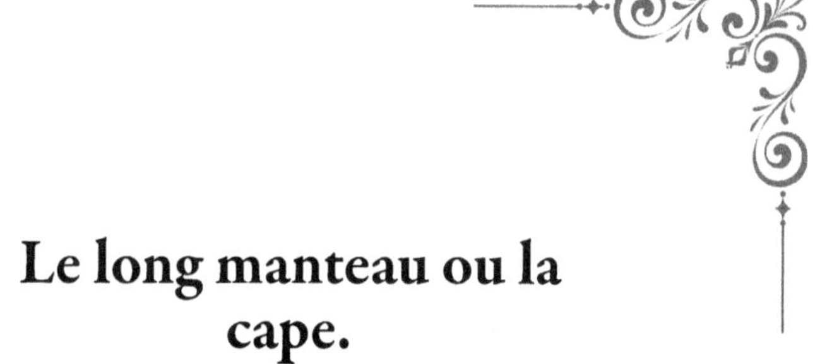

En effet, tous les vampires sont vêtus de capes ou de longs manteaux. Ces vêtements donnent une touche mystérieuse car ils cachent presque entièrement le corps. De là, ils peuvent dégainer des armes ou envelopper leurs victimes. Le vampire peut déplacer sa cape et disparaître à l'intérieur de celle-ci et s'éloigner de ses ennemis. Un vampire sans sa cape n'est pas un vampire à part entière. Cette cape vous donne une touche élégante et distinguée. Si elle est noire à l'extérieur et rouge à l'intérieur, avec un col haut, c'est encore mieux. De nos jours, le vampire peut porter un long manteau à col montant en guise de cape. Sa fonction est la même et il n'est pas déplacé à notre époque. L'intérieur du manteau est toujours en soie fine. Avec ce manteau ou cette cape, vous enveloppez les filles et vous les soumettez entièrement à votre pouvoir.

Anneaux.

Le vampire portera toujours une quantité exagérée de bagues avec des blocs gigantesques de toutes les couleurs. Cela vous donnera une touche opulente, sophistiquée et exquise. Une touche qui vous distingue des autres mortels, on ne l'a jamais aussi bien dit. La boîte à bijoux du vampire doit être très riche, car il s'agit vraiment de pierres précieuses de la plus haute valeur et d'une taille énorme qui doivent coûter très cher. Le vampire acquiert généralement ses bagues dans le cadre de l'héritage de sa famille ancestrale, et elles servent à fasciner les femmes, car il est plus orné qu'elles, mais beaucoup plus. Le vampire a une grande connaissance de l'orfèvrerie et de la joaillerie, et accorde une grande valeur à ces bagues, sinon on ne s'explique pas pourquoi il porte toujours ces bagues gigantesques.

Bracelets.

Le vampire portera également des bracelets en or massif, jamais en argent, car ils gênent les yeux du vampire. Comme je l'ai dit précédemment, la boîte à bijoux du vampire sera pleine d'argent s'il ne l'a pas tué avant, car tout cela doit coûter beaucoup d'argent, et il s'agit également de pièces antiques qui remontent à plusieurs générations et qui sont souvent héritées. Si le vampire a des problèmes financiers, il suffirait de vendre certaines de ces pièces pour qu'il puisse vivre une année entière, mais il ne se séparera jamais de rien car elles ont une immense valeur pour lui.

Le bracelet est vraisemblablement gravé des initiales d'un amour séculaire. Car le vampire est un romantique dans l'âme, ce qui le différencie nettement des séducteurs, qui ne le sont pas du tout.

Pendentifs et broches.

Le vampire porte aussi souvent des pendentifs, jamais de croix, mais il peut porter l'ordre du dragon, ou un insigne, ou une ancienne distinction militaire. Il s'agira toujours d'une broche gigantesque, qui confère le statut de général des armées, ou de commandant de grands territoires.

Le mortel qui voit cela n'a pas conscience de l'importance énorme de ces bijoux, et est simplement émerveillé par le travail et l'ornementation de ces broches et pendentifs. Pour le vampire, ce sont des objets précieux dont il ne se débarrasse jamais. La plupart d'entre eux ont des centaines d'années.

Boucles d'oreilles.

Le vampire ne porte généralement pas de boucles d'oreilles, peut-être un vampire plus moderne peut-il en porter, mais en général il n'en porte pas. Le séducteur peut porter des boucles d'oreilles. La grande majorité des vampires et des séducteurs ne portent pas de boucles d'oreilles.

Chapeaux.

Le vampire porte un long chapeau, de préférence noir. Le chapeau donne de la distinction et de l'élégance et le distingue des gens ordinaires qui ne le portent pas. Le chapeau sera toujours un haut-de-forme. Ce chapeau donne la touche du XIXe siècle élégant et raffiné et le statut supérieur qui est dû à la lignée, aux possessions ou aux titres. Je parlerai plus tard de la manière d'incorporer tous ces vêtements et accessoires dans la tenue du séducteur.

Montres.

Le séducteur de vampires est un grand amateur de montres et il en a de toutes les couleurs, de préférence bleu et noir, mais aussi rouge. Un bon séducteur de vampires possède au minimum six montres. Il possède également des montres de poche qu'il exhibe le soir dans les pubs lorsqu'il séduit une femme, ce qui lui donne cette touche très élégante que seul le séducteur de vampires possède. Le vampire séducteur fait des accessoires une partie de lui-même et ils ajoutent à son élégance, son glamour et sa sophistication. Bien sûr, il ne portera jamais de montre numérique, tout sera toujours analogique et avec des chiffres clairs, de très grands chiffres arabes. Une montre avec un fond blanc et des chiffres arabes noirs très visibles est particulièrement appréciée.

Lorsqu'il est au pub avec la jeune fille, il regarde sa montre à gousset et la jeune fille est impressionnée par tant de sophistication et d'opulence.

Armoiries.

Le vampire séducteur qui a prospéré et est devenu un homme riche et opulent cherchera à acheter une maison avec des armoiries pour se donner un air plus hautain et plus noble. Cette vieille maison grandiose et solennelle pourrait bien être la demeure, au moins temporaire, du séducteur. Si ce séducteur n'est pas issu de la noblesse, son action sera d'acheter ou de se faire construire une maison avec des armoiries. Si la maison n'en possède pas, il peut dessiner ses propres armoiries et les faire graver sur la façade de sa nouvelle demeure. N'importe quel tailleur de pierre peut facilement le faire pour vous et vous aurez vos armoiries.

Un vampire séduisant doit se différencier de tous les autres membres de la population par toutes ces choses pompeuses et grandiloquentes.

Les vampires.

Tout comme il existe des vampires séduisants, il y a aussi des femmes qui nous ressemblent totalement, nous les vampires. La différence entre le vampire et les vampires, c'est que les vampires ont une vie tout à fait facile, voire un cadeau. Chaque nuit, ils sortent pour chasser et ils chassent en abondance et c'est vraiment très satisfaisant pour eux, mais cela n'a aucun mérite. Parce que l'attaquant qui marque des buts est meilleur que le gardien qui se laisse marquer, pour eux la pression est constante et ils doivent choisir. C'est nous qui mettons la pression pour que cela se produise, et ces vampires, bien que certains puissent être attirants, sont profondément méprisés et répudiés par le vampire lui-même. Nous ne stimulons plus l'ego de ces égocentriques.

Aspect général du vampire.

En général, le vampire a une apparence magnifique, il est souvent jeune et séduisant, parfois d'âge moyen avec quelques cheveux gris, ce qui le rend encore plus séduisant. Il porte des vêtements élégants, chers et sophistiqués, il a des manières fines et élégantes, il connaît l'histoire. Une autre caractéristique du vampire est qu'il s'agit d'un homme d'une grande sensibilité, amateur de toutes sortes d'arts. C'est un sybarite de l'habillement et aussi un séducteur exquis qui sapera la résistance de ses victimes par son charme et son langage aux accents étrangers. Le vampire parle finement, raconte des histoires merveilleuses sur des mondes lointains qu'il est le seul à connaître. Le vampire séduit les jeunes filles par son raffinement et son allure impériale. Le vampire connaît l'histoire, la géographie, la science, la politique et les arts sombres. Il a passé des centaines d'années à apprendre et à perfectionner ses méthodes. Le vampire est un puits de sagesse et l'incarnation de l'élégance suprême.

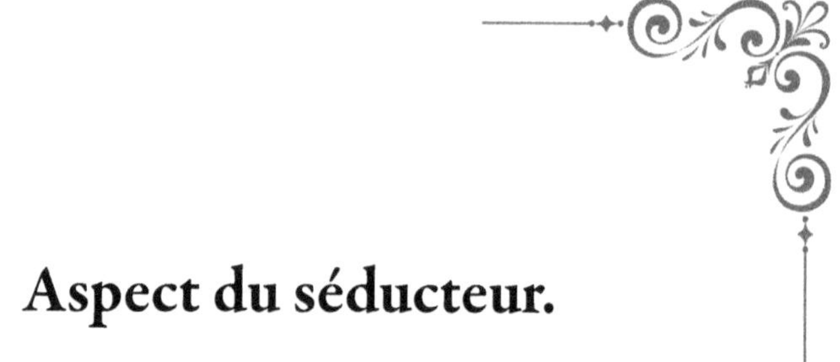

Aspect du séducteur.

Le séducteur sera plutôt moins élégant que le vampire, il porte généralement de nombreux accessoires comme le vampire, tels que des bagues, des boucles d'oreilles, des bracelets, des pendentifs. Il porte des vêtements élégants s'il en a envie. Le séducteur peut aussi avoir de belles manières, mais il n'atteindra pas l'extrême sophistication, l'élégance et le raffinement d'un vrai vampire. Le séducteur vieillira beaucoup moins bien que le vampire, car il n'est pas immortel. Il essaiera donc de compenser cette perte de beauté par plus d'accessoires et de meilleurs vêtements. Dans tous les cas, le séducteur aura presque toujours une excellente apparence, pas magnifique comme le vampire, mais très séduisante.

Si le séducteur veut avoir l'air aussi élégant que lui, il doit copier ses vêtements de manière déguisée : au lieu d'une cape, il portera un long manteau, au lieu d'une broche, une épingle ou un badge, il peut aussi relever le col de sa chemise comme un vampire. Imiter les couleurs et marcher d'un air distingué. Parlez lentement, faites des pauses, regardez les gens et transmettez l'essence de vos histoires avec votre regard. Le regard est l'arme la plus importante des deux.

Le séducteur peut et doit incorporer l'essence du vampire dans ses vêtements et son comportement. Tous deux sont beaux à l'extérieur mais sont des monstres à l'intérieur. Les séducteurs ne sont rien d'autre que des vampires qui n'ont pas réalisé qu'ils étaient des vampires.

Histoire d'horreur.

Dans une forêt luxuriante située au-delà des Carpates, il existait autrefois un château où vivait un homme appelé Vlad Tepes, alias "l'Empaleur". On raconte que cet homme empalait ses victimes, qui étaient généralement des prisonniers de guerre musulmans, et qu'il mangeait ensuite en les regardant se tordre et agoniser sur les pieux. Il a également empalé un nombre respectable de victimes, environ 10 000. On dit aussi que la Transylvanie est le lieu de naissance du comte Saint-Germain lui-même, l'immortel qui a étonné de nombreuses cours du XVIIIe siècle, notamment françaises.

On disait que cet homme ne mangeait jamais, qu'il pouvait transformer le plomb en or, qu'il parlait huit langues, qu'il avait vécu à l'époque de Jésus-Christ, qu'il jouait de nombreux instruments. Il connaissait toutes les sciences et était envoûtant. C'était un homme immortel qui est réapparu aux XIXe et XXe siècles et que l'on voit encore aujourd'hui, peut-être est-il vrai que les vampires existent, je le crois vraiment.

Par un mécanisme mystérieux, il peut arriver qu'un homme découvre quelque chose par l'alchimie, ou qu'apparaisse simplement une bizarrerie biologique qui se perpétue et se reproduit. Avec le sang, avec un élixir de jeunesse éternelle, avec la pierre philosophale, ou peu importe, le vampire est devenu immortel.

Et ici, en Galice, il y avait aussi un homme, il ne vivait pas dans un château, il ne s'appelait pas Vlad, mais son surnom pouvait aussi être "l'empaleur" parce qu'il les empalait avec son gros membre. Une autre similitude entre les séducteurs et les vampires, nous sommes tous deux des empaleurs.

Les vampires font souffrir les hommes et les femmes, les séducteurs font jouir les femmes, surtout lorsqu'elles sont empalées.

Musique et Rocanrol.

Ils aiment tous les deux le rock and roll, le vampire devrait certainement écouter du métal, de la musique lourde et industrielle, ainsi que de la musique d'orgue d'église et de la musique classique ; c'est une personne aux manières raffinées et aux goûts très sophistiqués. Le vampire qui a une tendance au romantisme peut écouter de la musique classique plus douce, en l'occurrence de la musique pour violon. Les orchestres symphoniques seront bien connus et appréciés par le vampire et je parierais qu'il aime Vivaldi. Ce dont je suis sûr, c'est que le vampire aime Bach. C'est en écoutant de la musique d'orgue d'église que le vampire se sent le plus à l'aise, Bach est donc certainement son compositeur préféré. En ce qui concerne la musique actuelle, nous pourrions dire que le vampire aime les groupes maléfiques, pour ainsi dire, les groupes de métal sombre, gothique ou techno avec des sons lourds, rock and roll et industriels.

Les musiciens et groupes que le vampire va certainement aimer sont les suivants :

- Marilyn Manson.
- Rammstein.
- Einsbrecher.
- Blutengel qui est un groupe très vampirique.
- Sopor Aeternus. Vampirique au maximum.

Le séducteur si le côté obscur domine en lui, c'est-à-dire s'il est un "séducteur obscur" aura exactement les mêmes goûts, aimant la musique d'orgue et ces groupes mentionnés ci-dessus, mais s'il domine son côté lumineux, alors il aura d'autres goûts différents et d'autres groupes, par exemple :

- Moby.
- Mike Oldfield.
- Un swing qui tue.
- Les clandestins.
- Roxy Music.
- Omd.

Les premiers sont des groupes de l'ombre et les seconds de la lumière.

La chanson la plus vampirique au monde est "Death soulds" de Sopor Aeternus. Une excellente musique qui parle précisément des vampires.

Un vampire séduisant et rocker.

L'absinthe.

Comme le dit le vampire dans le film à sa belle.

"L'absinthe est l'aphrodisiaque du moi,

la fée verte veut votre âme

Mais ne t'inquiète pas, tu es en sécurité avec moi.

C'est ainsi que les vampires boivent de l'absinthe, tout comme les séducteurs à moitié fous comme moi.

Avec cette boisson, on perd la tête, on a une énorme créativité et on visualise tout beaucoup mieux, on perd vraiment la tête avec la fée verte. Encore une similitude entre les vampires et les séducteurs. Dracula lui-même en buvait au 19e siècle.

Mantra.

R épétez après moi.

-Je veux

Je souhaite

Je décrète

J'exige

Que tous mes vœux se réalisent, car le putain de pouvoir est avec moi. Et cela, je le crie haut et fort sans craindre d'être entendu, sans me soucier de ce que pensent les autres, je ne fais qu'un avec ce putain de pouvoir et rien de mal ne peut m'arriver - je ne fais qu'un avec ce putain de pouvoir.

Grâce à ce putain de pouvoir, je matérialise tout ce que je désire et c'est la source de mon pouvoir. Ma capacité à visualiser et la conviction absolue que ce putain de pouvoir m'apporte tout ce que je veux, me donnent vraiment du pouvoir.

Au-delà du temps et de l'espace, traversant les océans et les chaînes de montagnes, ce putain de pouvoir m'apporte ce que je demande. Une révélation mystique, une rivière qui coule, la mer qui s'écrase sur les rochers, le nuage qui recouvre le soleil, tout cela fait partie du putain de Pouvoir, je l'absorbe, je l'imprègne de ma pensée et je l'émets, et il me revient avec ce que je désire.

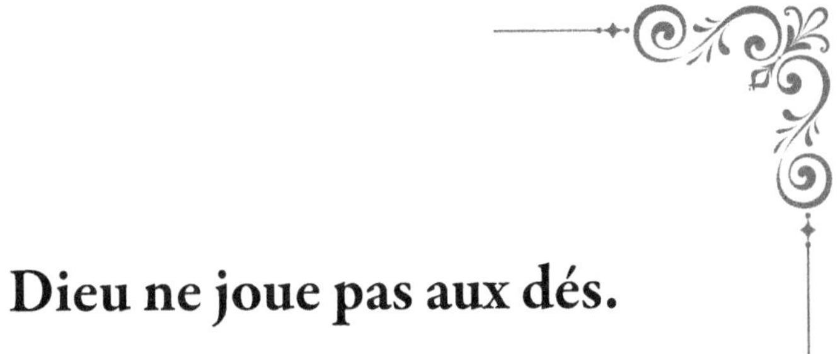

Dieu ne joue pas aux dés.

Quoi qu'il t'arrive, même si cela te semble très mauvais, tu dois l'accepter, car tu ne sais pas vraiment quelles seront les conséquences de ce que tu désires. Mais Dieu, qui est là-haut, qui voit tout et qui sait tout, sait ce qui est bon pour toi et ne te l'accorde donc pas. Il t'enlève ce que tu veux parce qu'il a un meilleur plan pour toi, alors ne regrette rien, Dieu ne joue pas aux dés, ne te décourage pas si ça ne marche pas, ça fait partie du plan et c'est comme ça que ça doit être et c'est parfait.

On a découvert dans l'univers une super symétrie qui n'a pas de logique et qui prouve qu'il s'agit de quelque chose de très grand, soit une simulation infiniment puissante, soit l'œuvre de quelqu'un ou de quelque chose avec ses lois immuables. Parmi ces lois, il y a celle qui dit que l'on peut attirer ce que l'on désire en le visualisant, et que Dieu le veut et s'en réjouit.

Einstein, l'un des hommes les plus intelligents du monde, a dit : "Dieu ne joue pas aux dés", acceptez ce que Dieu vous donne et soyez-en reconnaissants.

Nocturnité.

L e séducteur et le vampire sont tous deux des créatures de la nuit, le vrai séducteur renie le soleil et ne sort pour remplir sa fonction qu'à la tombée de la nuit, exactement comme le vampire. C'est une autre grande similitude qui m'a amené à établir des liens entre les deux. Le séducteur développe sa prédation dans l'obscurité presque toujours, encore plus si c'est un séducteur sombre, alors il évitera la lumière comme le vampire et le jour il ne fera que dormir, s'il peut se le permettre. Il ne sortira que pour faire le minimum de courses, toujours habillé avec beaucoup de protection solaire, portant des lunettes de soleil qui éliminent la lumière du soleil qui le gêne et lui fait tant de mal. Elle ne lui fait pas autant de mal qu'au vampire, mais elle lui fait beaucoup de mal. Le séducteur ne pratiquera jamais le "daygame", qu'il appelle "diegame", car c'est quelque chose qui le tue presque et qu'il n'aime pas du tout.

La nuit est notre amie, elle camoufle les défauts que l'on a avec l'âge, on ne remarque pas le manque de cheveux, ni les rides, ni même si l'on a un peu d'embonpoint, on s'en aperçoit aussi clairement qu'en plein jour. La nuit est propice, car l'obscurité embellit notre corps, camoufle nos défauts. De plus, l'alcool qu'ils boivent eux-mêmes les affaiblit et les rend plus réceptifs à nos charmes.

Les vrais chasseurs sont toujours nocturnes, ils se tapissent dans l'obscurité. Le vampire est plein la nuit, le séducteur aussi. La nuit est magique, la nuit est notre vie. Le séducteur et le vampire repartent à l'aube avec la satisfaction du devoir accompli. Parfois, ils retournent seuls dans leur antre, parfois accompagnés de nouvelles filles stupéfiantes qui vont, la nuit même, goûter aux plaisirs du côté obscur. Certaines d'entre elles deviendront des vampires, en l'occurrence des bons, et d'autres des fidèles du séducteur. Du bien naît le mal et du mal naît le bien.

Le goût du risque.

Le séducteur et le vampire aiment le risque, ils pourraient être à l'aise chez eux, l'un dans son château et l'autre dans son appartement avec une belle femme sexy. Le vampire aurait sa vampiresse et serait heureux et le séducteur aurait son amie et ils ne chercheraient rien d'autre, mais ce qu'ils aiment le plus, c'est aller à la chasse. Parfois, la proie ne dure qu'une nuit ou quelques jours, et dès qu'elle est acquise, elle est éliminée de leur vie. Parfois non, parfois grâce à la qualité et à l'excellent comportement de la femme, ils se transforment en vampires ou en nos plus fervents acolytes, nos amis intimes qui nous pardonnent tout, nous adorent et nous estiment beaucoup. Notre triade, les trois femmes que tout bon séducteur accumule pour son plaisir. Cette triade apparaît également dans le film "Dracula" de Francis Ford Coppola. Dracula avait sa triade, trois femmes merveilleuses qui se trouvaient dans son château, et il a passé des siècles à se consoler de ne pas avoir sa véritable bien-aimée, Elizabetha. Avec cette triade, Dracula était bien plus heureux que dans la solitude et l'immortalité lui était plus supportable.

Comme le vampire, nous formons également nos triades ou nos quatuors et nous nous consolons avec ces femmes lorsque la chasse n'est pas satisfaisante.

Le flirt est une activité très risquée, encore plus que l'escalade, mais c'est dans le risque que l'on se sent vraiment en vie.

Création du groupe
d'acolytes.

Dracula a des serviteurs, plutôt des esclaves, à qui il donne une partie de ses pouvoirs et qui le protègent pendant la journée et le servent fidèlement. Ces acolytes, ces serviteurs, comme Renfield, sont estimés et appréciés par le vampire même s'il les traite assez mal.

Nous, les séducteurs, n'avons pas d'acolytes aussi clairement utiles, mais nous avons nos adeptes, nos adeptes sur les réseaux sociaux qui nous considèrent comme très grands, qui nous défendent et nous apprécient beaucoup. Nous nous consacrons à leur montrer le côté obscur, à leur enseigner les techniques de la lumière et de l'obscurité, nous nous consacrons à les former, à leur transmettre notre savoir, et ils nous en sont très reconnaissants. Nous avons également des points communs, mais nous traitons nos adeptes beaucoup mieux que le vampire ne le fait. Ne confondez pas les adeptes avec les filles, les acolytes sont des hommes durs et sans vergogne.

La demeure du vampire.

Le vampire aime vivre dans un château délabré dans les montagnes, un château au mobilier très démodé, froid, humide et lugubre. Un château qu'il n'a pas les moyens de s'offrir et qui est plein de saletés, de toiles d'araignées et d'objets étranges datant des siècles passés et qui prennent la poussière. Ce château témoigne de la grandeur et de l'opulence du comte Vapiric il y a des siècles, mais il est aujourd'hui décrépit et envahi par la végétation. Dracula n'est pas très au fait des paiements et s'éclaire avec des bougies à l'ancienne, ce qui donne au château un air lugubre et effrayant. Il a également ses serviteurs pour le servir, ses acolytes pour le protéger de la lumière. Dans sa crypte, Dracula est à l'aise, il se repose sans lumière gênante.

Ce château est utilisé pour accueillir les visiteurs et les impressionner par l'opulence et l'ancienne splendeur de ses pièces, bien qu'en réalité il donne une impression d'abandon et de décrépitude, mais c'est ainsi que son propriétaire l'aime le mieux, délabré et en état de décrépitude, ce qui donne au château une excellente aura romantique et triste.

La demeure du séducteur.

La demeure du séducteur est beaucoup plus modeste que celle du vampire. Le séducteur aime vivre en hauteur, il préfère donc les penthouses et les derniers étages où il peut profiter de la vue. Le séducteur aime vivre en hauteur, il préfère les penthouses et les derniers étages où il peut profiter de la vue. Il y emmène ses victimes pour profiter de la terrasse s'il en a une, ou au moins pour être en hauteur et voir beaucoup de territoire. Si la maison se trouve en face d'une forêt, c'est encore mieux.

Le séducteur est un passionné de musique, et dans sa maison il aura toujours un système de musique à haute puissance, avec lequel lui et ses filles écouteront les grandes chansons qu'il a toujours à haut volume, et les filles les apprécieront énormément.

Le séducteur, comme le vampire, joue également d'un instrument, une basse, une guitare, souvent un orgue de barbarie, avec une grande maîtrise.

Les douanes.

Le vampire se lève au crépuscule et sort toute la nuit à la recherche de nouvelles victimes. La nuit est magique et c'est là, dans l'obscurité, toujours à l'affût, que se cache le vampire prêt à mordre. Nous, les séducteurs, sommes comme les vampires et nous sortons aussi la nuit. Pendant la journée, nous nous reposons, nous somnolons et nous nous reposons, afin d'être pleinement opérationnels au coucher du soleil.

Une autre habitude est de ne s'inquiéter de rien et d'être toujours amical et joyeux. Pourquoi s'inquiéter quand on est conscient d'être un vampire séduisant ? Rien, il suffit de s'amuser.

Sadomaso.

L e séducteur et le vampire ont tous deux leur triade. Ces femmes sont dépendantes de votre énorme pouvoir, elles vivent pour vous servir et vous donner du plaisir. Elles sont à vos ordres, à vos commandes, car elles apprécient tellement vos qualités qu'elles se permettent de faire dans le domaine sexuel tout ce que vous voulez, c'est pourquoi le séducteur et le vampire ont tous deux au moins une triade constituée.

Ces acolytes aiment faire plaisir au maître et font tout ce que vous leur demandez.

Et comme il y a des différences entre le maître et les esclaves, ils doivent évidemment vous satisfaire et réaliser toutes vos perversions, parce qu'ils ont beaucoup de chance d'être avec vous et qu'ils doivent vous en être reconnaissants. Ainsi, le séducteur de haut niveau devenu maître d'esclaves et le vampire pratiquent tous deux le sadomasochisme avec leurs filles gorgées d'eau.

Sadomaso Oui !

Sexe oral.

Le vampire est un sybarite sexuel très friand de sexe oral, surtout celui qu'elles lui donnent.

Une femme aux lèvres peintes en rouge intense met davantage en valeur cette partie du corps si charnue, si l'on met un masque qui couvre presque tout le visage sauf les yeux et la bouche, cela affectera la morbidité que donne cette bouche, qui sera un autre organe sexuel et le vampire prendra plaisir à regarder comment son esclave la baise.

Ce masque peut être mis dans ce but, pour souligner la fonction sexuelle de la bouche et la dominer. Une fellation bien faite doit être parfaitement vue par le vampire pour être totalement satisfaisante. Le vampire deviendra très exigeant dans ce domaine et ne transigera pas sur la moindre erreur.

Villes et lieux préférés.

Le vampire et le séducteur aiment les mêmes choses. Si l'on fait abstraction du moment de la séduction où l'on doit aller au pub et où il n'y a pas d'autre choix, nous irons presque aux mêmes endroits. Le pub est pour ainsi dire notre environnement naturel, l'obscurité, le fait d'être camouflé dans la foule est un plaisir. Mais en réalité, l'endroit où le séducteur et le vampire se sentent à l'aise pendant leur période de repos face à la prédation, c'est dans la forêt, les montagnes et les rivières.

Tout le monde aime aller à la plage et c'est très bien aussi, je ne dis pas que ce n'est pas bien, mais à mon goût, il est préférable d'aller dans les hautes montagnes avec de grandes forêts et des rivières au débit rapide, où l'on peut sauter des arbres dans la rivière et profiter du courant. En outre, ces endroits sont beaucoup moins fréquentés que les plages, qui sont totalement saturées. On y trouve la détente et la paix que procure la nature, et on s'y sent bien.

Réfléchissez un peu, la demeure de Dracula n'était pas dans une ville, elle était perdue dans les montagnes de Transylvanie, le séducteur est pareil, il a généralement une maison à la périphérie de la ville, au milieu de la nature, puis il sort toujours la nuit pour chasser, et à l'aube il se cache à nouveau dans sa sombre demeure. Ma maison est comme ça, elle est à la périphérie de la ville et donne sur une forêt, elle est aussi à l'ombre car elle est orientée au nord et je n'ai jamais le soleil, donc plus de points pour ma croyance que si je ne suis pas un vampire, au moins j'ai assez à faire avec eux.

La nuit, je laisse la fenêtre ouverte et j'écoute le hululement des hiboux dans la forêt. La forêt est juste en face de moi et occupe toute l'étendue de la vue. Les hiboux hululent et hululent la nuit, et je peux les entendre depuis mon lit. Il m'arrive souvent de me pencher à la fenêtre et de les écouter attentivement. Parfois, je suis tentée de descendre dans la forêt la nuit et de rester là à écouter les créatures. Je pense que je le ferai très bientôt.

Tout près de moi, il y a une autre forêt encore plus profonde que j'ai appelée "la forêt parfumée et ombragée", comme la chanson des clandestins. J'y vais pour méditer, j'y ai même vu de grands aigles. Les aigles s'envolent dès qu'ils me voient, car même le plus grand prédateur, lorsqu'il voit le vampire, s'enfuit. Dans cette forêt odorante et ombragée, c'est génial, on se sent en communion avec la nature et on utilise ces énergies pour mieux visualiser et se détendre, ce qui permet d'utiliser ce putain de pouvoir plus facilement.

Les villes médiévales dont les quartiers sont classés historiques, les "vieilles villes", ont beaucoup plus de charme. C'est dans ces vieilles villes que le vampire aime vivre, et le séducteur aussi. Dans ces "vieux quartiers" se trouvent de vieux bistrots en pierre et en bois qui étaient des écuries il y a cent ans et c'est là que le séducteur se sent à l'aise, car ils lui rappellent le château du vampire.

Nous n'aimons pas trop les pubs modernes, car ils ne sont pas sophistiqués dans leur mobilier, plus minimaliste. Ce sont les pubs archaïques, pleins de bois, de pierre et de musique rock ou même celtique qui nous passionnent.

Ici, dans mon Santiago de Compostela, je profite d'innombrables pubs lugubres et glauques où, tel un vampire, je me réfugie. Plus la ville est pluvieuse et moins ensoleillée, mieux c'est, car cela nuit au vampire et aussi au séducteur nocturne qui supporte mal le soleil et veut toujours être à l'ombre. Saint-Jacques-de-Compostelle est donc une bonne ville, tant pour un vampire que pour un séducteur, parce qu'il y a toujours des nuages et de la pluie et que le soleil ne nous fait pas de mal. Ceux d'entre nous qui ont l'habitude de sortir la nuit sont éblouis par tant de lumière.

Les autres villes recommandées sont Ségovie, Oviedo, Santander et Castro Urdiales en Cantabrie.

Je vais toujours sur les rivières parce qu'on y est à l'ombre des arbres et que le soleil ne nous dérange pas. Il y a tellement de similitudes entre les séducteurs et les vampires ! Les vieilles villes, le temps pluvieux et les pubs en pierre sombre.

Bach, Vivaldi, pièces et instruments recommandés.

Le vampire séducteur écoute de la musique classique, en particulier de la musique baroque. Les plus grands représentants sont Vivaldi et Bach. Vivaldi a une très grande variété de musique de qualité, beaucoup de pièces qui sont merveilleuses et où les violons et les mandolines sont prédominants. Bach se concentre davantage sur l'orgue, les cantates et les hautbois. La musique d'orgue d'église est particulièrement intéressante. Cette musique est mécanique, froide, artificielle et crée une atmosphère magique. Si vous écoutez l'orgue de la cathédrale, vous aurez la chair de poule, car il s'agit vraiment de quelque chose de sublime et de grandiose. La musique d'orgue de cathédrale est la meilleure musique qui soit, avant la musique de violon classique, parce qu'elle a tendance à être un peu pompeuse.

Un autre instrument magique est le clavecin, un piano antique solennel et mécanique qui donne une touche exquise et élégante à la musique. J'y inclus également Haendel, claveciniste accompli qui a affronté le maître Scarlatti, l'autre maître de cet instrument, dans un duel épique.

Je vais vous présenter une sélection des meilleurs morceaux de musique que tout vampire séduisant devrait entendre lorsqu'il est chez lui à veiller, prêt à sortir et à s'attaquer à sa proie. Buxtehude est un autre compositeur qui mérite également d'être entendu.

J'aime le rock et je suppose que vous aussi, mais suivez mon conseil et écoutez ces morceaux à haut volume, ils sont géniaux.

Bach :

Bwv 593 Concerto pour orgue en la mineur de Bach. Je le recommande vivement.

Fugue en sol mineur BWV 578 - J S Bach

Bach - Fantaisie et fugue en sol mineur BWV 542

Bach Prélude et fugue en si mineur BWV 544

Bach Concerto pour clavecin n° 1 en_D_Min

BWV 593 Concerto pour orgue en la mineur. Hautement recommandé.

J S Bach Cantate BWV 29

Johann Sebastian Bach - Toccata et fugue en ré mineur BWV 565. Les plus connues.

Vivaldi :

Vivaldi Concerto pour violon et orgue

Antonio Vivaldi La tempesta di mare.

Gloria in excelsis deo. Antonio Vivaldi

Vivaldi, _Concerto_pour_2_mandolines

Vivaldi RV 230 C pour orgue - comme ce salaud de Vivaldi l'a bien fait ! à la hauteur du maître Bach

Vivaldi Sinfonia en do majeur Allegro. De violons, excellent

Antonio Vivaldi La tempesta di mare. Une autre pour violons

Buxtehude :

Dietrich_Buxtehude,_Toccata_en_Fa_majeur.

Alleluia Buxtehude

Haendel :

Handel Suite pour clavecin n° 7 en sol mineur

La nuit.

La nuit est magique, la nuit tout prend un aspect plus sombre, les gens ont peur parce qu'ils ne sont pas beaux, il est plus facile de se cacher, la nuit camoufle vos défauts, vos rides de vampire centenaire, la nuit tout est maquillé. De plus, à la fête de nuit, les gens sont joyeux, ils boivent, rient et dansent, l'ambiance festive prédispose à l'amour et à la passion. C'est un marché ouvert où les interactions sont nombreuses. Si vous êtes vraiment engagé dans votre mission de séduction, il y a tellement de possibilités, c'est un vrai festin. C'est vraiment sur ce marché nocturne que les échanges les plus fluides et les plus passionnés ont lieu. Souvent, les filles font des choses la nuit qu'elles surprennent le lendemain et dont elles n'osent même pas se souvenir.

Nous en tirons le meilleur parti, la nuit n'est pas notre mission, elle fait partie de nous. Nous sortons quand il fait nuit et rentrons quand il fait jour. Nous sommes de véritables vampires nocturnes.

La nuit

Sous la pleine lune

Vers 12 heures

Le vampire sort

Se procurer d'autres plaisirs

Le pub sombre

Le bon endroit

Pour déployer des

La puissance accumulée

En conséquence

D'après son excellent travail
Obtenir une belle fille
Et le plaisir continue
Toute la nuit.

La solitude.

Le vampire est un être solitaire qui n'aime pas beaucoup la compagnie des autres. Il va à la plage, à la rivière ou à la montagne, tout seul. Ce n'est que lorsqu'il veut interagir avec des femmes qu'on le voit dans des endroits bondés. Des endroits qu'il n'aime pas trop, mais qui sont nécessaires. Les fêtes ou les terrasses ensoleillées.

C'est dans l'obscurité du pub qu'il se sent à l'aise.

Le lac initiatique du vampire.

Dans l'obscurité de sa demeure, le vampire planifie ses voyages à travers des terres inconnues et sauvages. Il voyage toujours seul pour ces voyages d'exploration et d'initiation. Une fois qu'il a exploré le terrain, il peut emmener avec lui ses nombreuses et précieuses femmes, qui en profiteront deux fois plus. Elles profiteront de l'endroit sans avoir à faire de recherches, vous leur donnez tout ce qui est déjà fait, et, bien sûr, elles profiteront aussi du baiseur de vampires lui-même.

Le vampire ne se rend généralement pas dans les villes, mais dans des lieux inhospitaliers en pleine nature, où il recharge ses énergies la nuit en absorbant la puissance de ce lieu.

Les rivières, les lacs, les réservoirs ou tout autre cours d'eau douce sont les lieux de prédilection des vampires.

Il parcourra des centaines de kilomètres pour trouver le bon endroit. Son nouveau lieu de pouvoir.

Une fois dans le lieu de pouvoir, le vampire marchera sur tous les chemins, se baignera dans toutes les rivières, explorera toutes les forêts. Le vampire se baignera nu au coucher du soleil dans le lac et deviendra fou de joie et de plaisir.

Là, dans la solitude, perdu dans les bois, à moitié nu et loin de la civilisation, il aura les révélations qui lui donneront le pouvoir, et plus tard, il séduira magnifiquement presque toutes les filles que le vampire souhaite séduire.

Dans la nuit noire, alors qu'il pleut légèrement, le vampire s'enfonce dans le lac au-delà des montagnes. La pleine lune brille dans le ciel et les étoiles scintillent à la surface du lac.

Dans les profondeurs du lac, sans lumière, dans l'obscurité totale, complètement enfoncé dans le fond, le vampire reste là à retenir sa respiration le plus longtemps possible, jusqu'à ce qu'il ne puisse plus la retenir et qu'il meure symboliquement.

C'est alors que survient le soulèvement.

Le vampire émerge des profondeurs du lac, nu, sans rien, totalement dépouillé de ses biens, mais, à partir de ce moment de mort et de résurrection, la seule chose qu'il fera sera d'acquérir de plus en plus de putain de pouvoir. Des profondeurs du lac, dans la nuit étoilée, le vampire émerge transformé en un nouveau moi, encore plus puissant que le précédent.

Le lac du vampire est vaste et entouré de grandes forêts, où il se rend pour sa métamorphose, sa mort et sa résurrection. Lorsqu'il émerge, toutes les peurs et les insécurités du vampire restent dans le lac et il en ressort propre, pur et puissant.

De l'obscurité d'un lac perdu dans les montagnes, émergera une lumière qui enserrera irrémédiablement les femmes qui interagissent avec le vampire.

Il s'agit d'un rituel, d'un acte de responsabilisation.

De l'obscurité naît la lumière.

La lune.

Le vampire escalade la plus haute montagne qu'il puisse trouver et regarde la lune. Il emporte toujours avec lui ses objets magiques, qu'il recharge à cet endroit.

C'est un autre bon endroit pour gagner en puissance. Le belvédère de la montagne. Là, seul, la nuit, vous absorbez de plus en plus de puissance céleste et tellurique, qui se transforme ensuite en une putain de puissance pure, qui vous permet d'obtenir tout ce que vous désirez. Dans cet endroit, une visualisation bien exécutée se transforme beaucoup plus facilement en réalité pure. Parfois, c'est exactement ce que l'on avait imaginé.

Cette puissance absorbée de la nature, du ciel et de la terre, est ensuite stockée et utilisée à volonté par le vampire dans le pub. Son terrain de chasse.

De la peur et de la mort naissent la confiance et la vie.

Là où il n'y avait rien, une foule apparaît.

L'abondance naît de la rareté.

De la solitude naît la camaraderie.

La renaissance est là pour faire un nouveau massacre.

Thermes.

Le vampire se baigne également dans les sources d'eau chaude qui jaillissent au bord des rivières. Là, dans ces petits bassins, il ne se contente pas de jouir et de se détendre, mais, comme il y a beaucoup de monde, il se lie d'amitié et, bien souvent, faisant étalage de son puissant charisme, il flirte sur place avec des filles au gros cul qui ont été choisies par le séduisant vampire ou qui ont elles-mêmes été attirées par son imposante silhouette. Cependant, il doit éviter les journées très ensoleillées, car le soleil le gêne énormément, préférant les journées nuageuses, les couchers de soleil, ou même les nuits.

Le vampire se rend dans le jacuzzi avec sa bouteille de champagne et sa belle amie pour une grande baise qui ne se terminera que d'une seule manière possible. Le vampire finira certainement par baiser la femme qui est avec lui dans le jacuzzi. Une femme qui est devenue plus chaude que le bain lui-même en faisant l'amour avec le vampire et qui doit être rassasiée par un excellent sexe vampirique et luxurieux.

La culture des vampires.

Le vampire est un puits de sagesse. Il absorbe tout, il enquête, il creuse. Le vampire est extrêmement intéressé par toutes sortes de sujets, en particulier ceux qui ont trait à l'antiquité et aux somptueuses demeures qui s'y trouvaient autrefois. Les Romains, leur architecture et leur ingénierie passionnent le vampire.

Le vampire connaît les empires, il connaît parfaitement la chute de Rome, le Saint Empire romain, les conquêtes de Napoléon, les hauts faits de l'Empire espagnol, les grandes batailles, les grands découvreurs, les aventuriers et les mystiques.

Il étudie en profondeur des personnages légendaires tels que Casanova ou le comte de Saint Germain. Le vampire sait pratiquement tout, il est également versé dans les sciences occultes, la magie, le pouvoir mental, la physique quantique. Le vampire croit en la réincarnation, connaît la musique, joue de l'orgue, apprend des grands généraux et architectes, enquête sur les événements mystérieux, les énergies occultes. Le vampire est un initié, un enseignant et un mystique, ainsi qu'un énorme séducteur.

Le magicien.

Le vampire séducteur connaît la magie, est fasciné par les sciences occultes et étudie des personnages historiques mythiques tels que le magicien Merlin ou le comte de Saint-Germain. Je vais parler un peu de ce comte qui était probablement un vrai vampire parce qu'il a vécu pendant des centaines d'années, apparaissant ici et là dans les cours, étonnant tout le monde par sa sagesse, son talent pour les langues, les sciences, la musique. Il était décrit comme un homme omniscient qui ne mourait jamais. Il attribuait sa longévité et son apparence physique à la pierre philosophale qui lui permettait de rester jeune. Cette pierre transformait les métaux en or et était également utilisée pour fabriquer l'élixir de jeunesse éternelle.

Le vampire est un magicien, un petit initié qui connaît quelques notions élémentaires de magie et l'utilise aussi pour séduire, oui, la méthode JD fonctionne, et tout fonctionne, parce que nous ne séduisons pas vraiment, nous créons, nous faisons de la magie. De la magie naturelle.

Les sorcières.

Croyez-le ou non, les sorcières existent et vous pouvez les voir dans la rue en abondance, et je dirais même que j'ai baisé avec l'une d'entre elles. Ces femmes, ici en Galice, pratiquent la magie naturelle, ce sont des guérisseuses, elles connaissent les plantes et leurs vertus curatives, elles ont des notions de magie et aussi une capacité innée à se connecter avec l'autre côté. Ce sont des femmes qui, bien que leur nom fasse un peu peur, sont en fait très bonnes et aimantes. Les mauvaises sorcières qui jettent des sorts pour faire plier les volontés, ce serait de la mauvaise magie et ce n'est pas ce que font les bonnes sorcières, ne sont pas des sorcières. Dans les temps anciens, tous ces concepts de magie étaient connus des druides celtes, qui étaient des guérisseurs, des juges et des personnes de la plus haute autorité.

Toutes ces connaissances ont été en partie perdues avec la romanisation et ont été dispersées dans des villages reculés et conservées par des sorcières mal nommées. Ces sorcières ont souvent été injustement brûlées, car tout ce qui n'était pas du catholicisme était considéré comme du paganisme et de l'hérésie. C'est pourquoi toutes ces connaissances obscures et lointaines des Celtes nous ont été transmises par ces sorcières médiévales jusqu'à aujourd'hui. De nos jours, pratiquement toute la sagesse ancestrale qui existait a été recueillie, et la magie, les sorts et la bonne sorcellerie des sorcières et des meigas, comme les sorcières galiciennes, sont toujours bien vivants.

Il y a aussi les sorcières de l'Amérique espagnole, qui ont une origine très différente, issue du chamanisme, des nahuales et de tout cela, et qui n'ont pas grand-chose à voir avec les sorcières européennes. C'est un sujet beaucoup plus sombre et ce n'est pas ce dont je parle.

En général, la bonne sorcellerie naturelle est assez concentrée dans la wicca, mais elle a parfois des contaminations sataniques qui n'ont rien à voir avec la sorcellerie naturelle et parfois avec le chamanisme dans sa variante la plus maléfique, ce dont je parle, c'est de la bonne sorcellerie qui fait du bien et qui façonne simplement votre réalité sans jamais plier aucune volonté. Il faut faire énormément de recherches pour trouver les bons livres qui parlent de la magie non contaminée comme ceux dont il a parlé ici.

Les sorcières sont bonnes, elles sont chaudes et elles baisent bien, baise une sorcière ! Quand tu es un vampire, tu n'as pas peur des sorcières, tu les baises !

À quoi ressemble un vrai séducteur de vampires de nos jours ?

De nos jours, un vampire séduisant a fière allure. Il est généralement vêtu d'une veste, voire d'un costume, et privilégie bien sûr les couleurs rouge et noire.

Le vampire séducteur aime les accessoires, il portera donc des lunettes de soleil pour se protéger du soleil détesté, et c'est peut-être l'accessoire essentiel pour sortir le jour et l'un des plus importants, avec les bagues sculptées, les colliers pompeux, les pendentifs, et quelques boucles d'oreilles qui peuvent également être portées. Tout doit être de bonne qualité, les vêtements doivent être confortables et élégants, de bonne qualité, mais pas de marque. Le vampire donne l'image d'un homme dur, beau et qui s'aime.

Opulence.

Le vampire séducteur est un battant, il a réussi à gagner sa vie et à sortir du système conventionnel de travail pour les autres, ce qui lui permet d'avoir du temps libre et de l'argent pour se livrer à ses méfaits de séducteur-vampire.

Vous aurez une bonne voiture, une bonne maison, de l'argent à la banque, la liberté de faire ce que vous voulez, des idées créatives à mettre en œuvre et des projets passionnants à réaliser. Vous mangerez peu, mais des plats savoureux dans de bons restaurants, et vous voyagerez dans le monde entier aussi longtemps que vous en aurez envie, voire indéfiniment. Vous pouvez vous permettre de voyager toute l'année et de gagner de l'argent.

Le vampire mène la grande vie et profite des énormes sommes d'argent qu'il gagne. Tout cela a été pensé et concrétisé, après beaucoup d'intelligence et de travail pour y parvenir.

Liberté.

Le vampire séducteur s'est libéré de la chose la plus contraignante et la plus asservissante, qui est d'avoir une petite amie. S'il va avec une fille, ce sera pour une durée assez courte, avec peu d'implication. Ce que le vampire séducteur apprécie le plus, c'est la liberté, de pouvoir voyager où il veut, de pouvoir sortir sans donner d'explications, de faire ce qu'il veut. C'est mieux que l'argent ou n'importe quoi d'autre, car cela permet d'être soi-même et de faire ce que l'on veut une fois pour toutes dans sa vie. Il est temps !

La plus grande servitude que tu auras jamais dans ta vie sera d'avoir une relation sérieuse avec une femme. Évite-la à tout prix !

La magie.

Oui, le vampire séducteur est en réalité un magicien qui crée sa réalité avec ses pensées. Pour matérialiser ce que vous désirez, vous devez l'imaginer très clairement et agir ensuite comme si vous l'aviez déjà réalisé. Demandez et il vous sera donné, vous pouvez lire Paracelse, renforcer vos pouvoirs avec la boule de cristal. Pratiquez l'art de la visualisation. Soyez un putain de magicien qui crée sa vie idéale.

Les formes-pensées prennent vie dans l'éther, un égrégore est créé et il vous apporte ce que vous demandez.

Croyez-moi, ce putain de pouvoir est réel.

Mandamme Blatasky avait raison.

Les rousses, les filles préférées des vampires.

Il faut faire attention, car l'apparence extérieure d'une femme indique ce qu'elle est à l'intérieur. Ainsi, une fille rousse, une fille aux cheveux de feu, c'est justement cela, du feu, une fille très chaude. Ce sont généralement des filles à la peau très blanche, très bien faites, qui ont un visage parfait, un corps parfait, de très gros seins, un très gros cul et une chair élastique, blanche et caoutchouteuse qui est très agréable, et qui est excellente pour ce que nous aimons le plus, le sexe passionné.

Elles seront donc toujours supérieures, elles seront toujours celles que choisira le séduisant vampire, un expert en amour qui a testé des centaines de femmes, et qui sait enfin ce qu'il veut vraiment, c'est-à-dire une belle rousse avec un gros cul, pour la baiser jusqu'à l'aube. Et s'il peut l'asservir sexuellement, tant mieux. C'est ce que veut le séduisant vampire.

La vie du vampire
séducteur.

Le vampire séducteur est un passionné de la vie, il aime s'amuser, sortir, se coucher tard, séduire, faire des choses folles et parfois même dangereuses. Il aime voyager dans des endroits exotiques. Le plaisir est présent à chaque instant, il ne s'agit pas seulement de ce qui vous arrive ou de ce que vous faites, mais de la façon dont vous appréciez ce qui vous arrive.

Je pense qu'il n'y a personne de plus heureux et de plus insouciant qu'un vampire séduisant dont le seul but est de s'amuser. Vous vivez vraiment votre vie sans vous soucier de quoi que ce soit de stupide et en étant heureux quoi qu'il vous arrive. De plus, comme vous pensez toujours que de bonnes choses vous arrivent, de bonnes choses vous arrivent et ainsi, vous croyant à l'abri de tout mal, cela se matérialise et vous vivez une vie merveilleuse, où tout ce que vous avez imaginé de bon, et plus encore, apparaît comme par magie dans la vie du vampire séducteur. Rien ne peut enlever le sourire du séducteur de vampires. Les gens ne peuvent même pas imaginer ce que l'on ressent lorsqu'on remplit sa fonction de prédateur.

Les filles gothiques.

Ces filles sont clairement différentes des vampires car ce sont des filles qui ne vont pas chasser comme les vampires, mais qui ont simplement une esthétique très cool et qui sont jolies et attirantes pour le séducteur. Tout le contraire d'une fille vampire qui se croit la meilleure, est assez coincée et fait à peu près ce que fait le vampire, mais sans aucun mérite, car il est très facile de la laisser marquer des buts et très difficile d'en marquer. Les gothiques écoutent Marilyn Manson et Rammstein, portent du rouge à lèvres noir, des vêtements noirs, de la dentelle, des ongles peints et des chattes rasées, et pourquoi ne pas le dire ? elles sont sexy et très morbides. Donc, à part les vampires qui sont aussi des filles gothiques, mais qui sont des connards, ces autres filles plus normales qui s'habillent simplement comme ça, sont recommandables à incorporer dans la vie du vampire séduisant.

Motos et risques.

Ce vampire séduisant est assez inconscient et imprudent et a un goût prononcé pour la vitesse, mais il doit se contrôler pour son propre bien. Il aime les motos rapides et les grosses cylindrées. C'est avec les motos que le vampire séducteur montre le plus de virilité, et qu'il joue le plus, en les mettant à haute vitesse. Je recommande d'avoir des motos noires et de les conduire plutôt lentement, des motos customisées, type harley, pour rouler tranquillement en voyant et en étant vu, sans avoir besoin de courir comme un fou, car nous ne sommes pas dans une course.

Un homme dur et beau descend la route avec sa moto, son blouson de cuir et ses lunettes de soleil. Il s'arrête au bar, boit quelques bières, puis, en sortant du bar, il continue, mais cette fois avec une jolie fille qu'il vient de rencontrer, assise à l'arrière de la moto.

Lire dans les esprits.

Oui, le séducteur vampire est un télépathe, un mentaliste, une personne qui comprend les pensées des autres parce qu'il peut lire parfaitement le langage corporel, et sait quand ils aiment, quand ils n'aiment pas, quand ils sont heureux, quand ils sont tristes, quand ils font semblant, et ce qu'ils pensent vraiment.

Toutes ces informations sont ensuite utilisées pour les démasquer, leur dire la vérité, les surprendre par votre connaissance approfondie d'eux et les faire halluciner. Vous entrez dans leur esprit et anticipez leurs mouvements. Vous apprenez cela grâce à des centaines d'années de séduction, et aussi grâce à des pouvoirs vampiriques qui vous permettent de voir à l'intérieur de leur cerveau, et de savoir ce qu'elles veulent et pourquoi. Oui, nous, les vampires séducteurs, lisons dans l'esprit des femmes et savons comment les amener à faire ce que nous voulons. Nous avons développé le "détecteur" qui nous dit instantanément tout ce qu'elles pensent.

Le beau gosse au travail.

Ce n'est pas que c'est conseillé, c'est une putain d'obligation, d'aller chercher cette bombe au travail que vous voyez tous les jours, et à force de la voir, vous êtes mortifié de ne pas profiter encore de son corps splendide.

Ce sont les premiers sur lesquels le séducteur de vampires doit miser, car comme le dit le psychopathe dans "Le silence des agneaux", nous voulons ce que nous voyons, et si nous voyons celui-ci, nous voulons celui-là. Ces triomphes tant désirés valent bien plus que les triomphes normaux, alors si vous voulez être un bon séducteur de vampires, commencez à draguer celle-là et faites-vous un nom dans votre bureau en tant que dragueur.

Attention si cela se termine mal et qu'elle devient ton ennemie. Elle vous mortifiera aussi, alors essayez de la récupérer et de la laisser rester, ou du moins si vous la laissez finir le truc de façon satisfaisante, et que vous finissez froid et complètement indépendant, parce que si vous continuez à l'aimer, vous serez vraiment foutu et vous ne serez pas un vrai séducteur, un vrai séducteur ne souffre pas avec ses ex.

La voiture du vampire séducteur.

Nous aimerions presque tous avoir une voiture de sport ou au moins une voiture haut de gamme, mais je vais vous dire une chose, vous n'avez pas besoin de tant d'ostentation pour être heureux, ni pour attirer les filles, il suffit d'avoir une voiture normale que vous aimez. On se fait plaisir en ayant la voiture qu'on aime, putain, et si elles ne l'aiment pas, qu'elles aillent se faire foutre. Qu'ils se l'achètent et on montera dedans, et tant qu'à faire on critiquera comme eux.

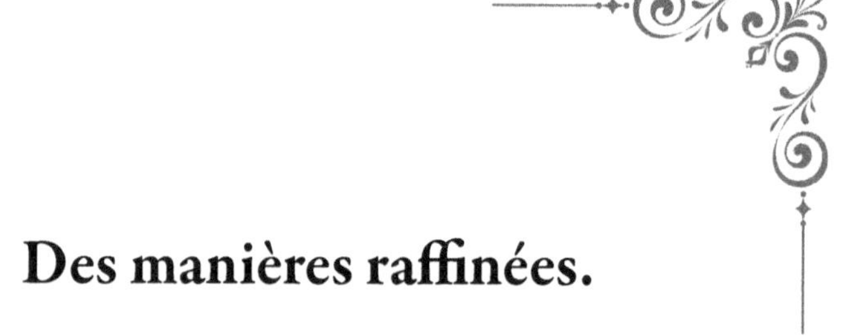

Des manières raffinées.

Le vampire séducteur est un dandy qui est très bien habillé, qui a une culture impressionnante, mais vraiment impressionnante, une allure élégante et de belles manières, de l'élégance et de la distinction. Ce n'est pas la même chose que la charmante canaille qui se promène n'importe comment et ne se soucie pas de ce que l'on pense d'elle. Le vampire séducteur est raffiné, poli, courtois et sybarite.

Il ne mange pas n'importe quoi, seulement des fruits de mer, des poissons savoureux, des fruits et des légumes, réservant la viande à de rares occasions, car il considère que c'est un peu primitif de manger de la viande. Le vampire séduisant aime écouter de la musique classique et possède une vaste collection de musique. Le vampire séducteur aura une maison très propre et bien rangée et invitera ses amies à venir l'écouter jouer de l'orgue. Il joue de l'orgue musical, mais aussi de l'autre orgue, l'orgue sexuel, qu'elles aiment plus que l'orgue musical.

Le séducteur de vampires est un compositeur brillant, un érudit, un sage, et les femmes apprécient et valorisent tout ce monde intérieur, ce bagage et cette vaste expérience. Il y a des décennies, on disait que le séducteur de vampires avait eu 40 vies, aujourd'hui il en a eu 80, et il continue d'ajouter des vies, des expériences, des anecdotes que les autres ne pourraient même pas imaginer.

La fille qui accompagne le séducteur vampire est étonnée par sa finesse et son élégance, et donc attirée par ces qualités inhabituelles. Le vampire séducteur appartient clairement à l'école de la prestance et est très demandé par les filles de la région.

La forêt odorante et ombragée.

Dans la nuit froide et étoilée, le vampire séducteur fou se rend dans une forêt sombre, mais sombre et effrayante, et c'est là qu'il fait ses méditations et ses folies. Il lui faut beaucoup de courage, mais le vampire séducteur se fixe des objectifs d'amélioration personnelle et c'est l'un d'entre eux. Aller seul dans la forêt la nuit et y rester longtemps, quelle chose à faire ! Eh bien, c'est ce que fait un vampire séducteur pour surmonter ses peurs.

Parfois, il y a des sons qui ressemblent à des voix produites par le vent, des bruits, des chants d'oiseaux, tout ce qui est effrayant, mais il y a le vampire séduisant qui maintient la pression comme un homme macho. Parce que c'est un homme et qu'un homme peut faire tout ce qu'il veut.

La triade.

Encore la triade, encore la putain de triade. Nous en avons déjà tellement parlé que je n'ai pas grand-chose à dire, mais je vais dire quelque chose d'important, que vous n'avez pas à chercher, que vous n'encouragez pas la formation de cette triade. Toute tentative d'avoir l'air plus formel ne marchera pas, c'est juste comme ça qu'ils vous préfèrent, fou et baisant, et ce seront eux qui viendront à vous alors que vous êtes totalement passif et indépendant d'eux. Et ce ne sera pas une triade, ce sera bien plus.

Celui qui essaie d'obtenir leur loyauté pour les faire échouer, vous devez être totalement cool, détaché et très drôle et ce sont eux qui voudront faire partie de la triade.

J'ai appelé cela une triade pour minimiser, normalement elles forment des ensembles de plusieurs femmes, dans le cas le plus extrême, où j'étais en danger de mort par tant de folie et de fornication, j'en suis venu à faire un octuor. Rappelez-vous que plus vous en avez, plus elles viennent, jusqu'à ce que vous ne puissiez plus continuer et que vous tombiez malade à cause de l'épuisement physique.

Culture et art.

Le vampire séducteur va au théâtre, à l'opéra, au concert de musique classique, à la conférence sur les écrivains romantiques du XIXe siècle, à chaque événement culturel qui l'intéresse, à chaque concert, exposition de peinture, musée d'art qui l'attire. À chaque cathédrale ou mosquée, à chaque ruine, à chaque château, à chaque palais. Tout ce qui touche à l'art et à la culture l'intéresse au plus haut point.

Il lit des livres en anglais, des livres sur les Romains et leur architecture, sur les bâtiments, les gratte-ciel, la science, l'antiquité. Le vampire séducteur aime l'art et possède des objets tels que des peintures ou des tapisseries, ou toute représentation artistique qui lui plaît.

Le séduisant vampire est un compositeur de musique, il fait aussi de l'artisanat, il garde précieusement de nombreuses pierres précieuses qu'il regarde et dans lesquelles il puise son énergie, ainsi que des boules de cristal et d'autres objets qu'il considère comme sacrés.

Le vampire séducteur est également peintre et exprime ainsi son monde intérieur.

Le séduisant vampire écrit de nombreux livres, essais et romans sur tous les sujets qui l'intéressent.

Le vampire séducteur fait des recherches et se penche sur tous les sujets qui méritent son attention, et dans beaucoup d'entre eux, il se spécialise et devient un expert.

Le vampire séducteur apprend d'autres langues, voyage et apprend chaque jour de sa vie.

L'objectif du vampire séducteur est de maximiser ses connaissances et ses expériences joyeuses, en particulier avec des filles séduisantes.

Le vampire séducteur participera à des réunions et sera un brillant orateur lors de ces réunions.

Le vampire séducteur est justement un homme sage et charismatique qui séduit les gens par sa merveilleuse capacité à les impliquer dans ses projets et à les motiver pour qu'ils atteignent leurs objectifs.

Le séduisant vampire est aussi un coach de vie qui montre par l'exemple le genre de vie que l'on devrait mener. Il aide aussi les gens de manière très désintéressée à améliorer leur vie.

Le séducteur vampire est un homme mis en place pour aider les autres et les amener à être la meilleure version d'eux-mêmes.

Le vampire séducteur est un guide.

Le pub.

L'endroit où le vampire remporte 90 % de ses victoires, ce lieu sombre, plein de gens, d'ambiance et de musique, où tout est possible et où la magie opère. Il est extrêmement important pour votre performance en tant que dragueur que l'endroit où vous vous rendez vous plaise et vous excite. Il est vraiment très difficile de flirter dans un pub où l'on n'aime pas l'ambiance, on n'aime pas les gens, on n'aime pas la musique, on n'aime pas le décor, on n'aime pas le décor, on n'aime rien. Vous ne vous sentez pas à l'aise, c'est pratiquement impossible, c'est pourquoi il est très important que vous trouviez votre endroit magique, votre antre, votre endroit spécial où vous vous sentez bien. Cet endroit doit avoir un marché approprié pour vous, par exemple si vous avez 40 ans, ce doit être un endroit où les gens de 40 ans vont, pas ceux de 19 ans. Vous devez aimer la musique, vous devez aimer la décoration, vous devez aimer la philosophie de l'endroit.

Je pense que l'une des choses les plus importantes pour réussir à séduire est d'être capable de trouver cet endroit où vous vous sentez à l'aise et heureux, une fois que vous y êtes, vous commencez à matérialiser votre pouvoir, à obtenir des triomphes, à gagner en confiance, à avoir des souvenirs positifs de ce même endroit, et il devient un lieu fétiche, rien qu'en sachant que vous y êtes, vous vous sentez puissant.

À Santiago, j'avais mon lieu de pêche dans les années 90 et 2000 jusqu'à, disons, la décennie des années 10 où l'atmosphère a changé, ce lieu de pêche était "la Quintana", un pub formidable où tout était possible. Il y avait aussi "el retablo" tout près des rendements de celui-ci, mais c'est la Quintana que je préférais. Une fois sur place, euphorique, j'ai dit

C'est la Quintana !

Comme le spartiate dans 300.

Je m'y sentais forte et puissante et cela se voyait. Aujourd'hui, en raison de l'âge extrême que j'ai atteint, ce n'est plus mon endroit préféré car l'atmosphère a totalement changé et les gens ont 30 ans de moins que moi. L'important, c'est qu'il ait existé. Et il y aura aussi d'autres nouveaux endroits où ce sera génial. Trouvez votre place !

Les couleurs du vampire.

Le vampire est un adepte du rouge et du noir, qui sont les deux couleurs qu'il affectionne le plus. On les retrouve dans la cape et dans de nombreuses parties du vampire. Regardez beaucoup les femmes qui portent du rouge, les femmes qui portent du rouge sont des femmes chaudes, surtout si elles portent des chaussures rouges. Ces chaussures rouges révèlent leur excitation. Je le sais grâce à des décennies d'expérience dans l'observation de la façon dont elles sont habillées et de ce à quoi elles ressemblent. Plus elles portent de rouge, plus elles sont chaudes et prêtes à se jeter sur vous.

Le rouge dénote la puissance, la passion, le feu, la force, la confiance. Portez du rouge, vous ne passerez pas inaperçue. Le noir vous apportera mystère et élégance.

Regardez les femmes qui portent des lèvres rouges, tout ce qui est rouge est bon signe.

Fétichisme vampirique.

Ce n'est pas la faute du vampire s'il est devenu fétichiste, c'est eux qui vous ont perverti avec leurs multiples folies. C'est ainsi qu'à l'âge de 40 ans, le vampire finit par devenir un fétichiste qui aime les ongles d'orteils peints en couleurs. Vous aimez les sucer et les manger et c'est très excitant. Comme je l'ai dit, c'est leur faute, leurs perversions, avant de commencer à baiser en masse j'étais un type tout à fait normal, maintenant qu'elles vous ont rendu à moitié fou si l'une d'entre elles ne vous met pas ses orteils peints en rouge dans la bouche vous n'êtes pas content du tout. La vérité, c'est que c'est un délice, un délice aussi riche que la chatte ou les seins. Oui, soyez un sybarite pervers et faites ces choses si morbides. Un vampire est aussi un fétichiste, un fétichiste modéré qui n'atteint pas les niveaux de folie de Tarantino, mais un peu fétichiste, oui.

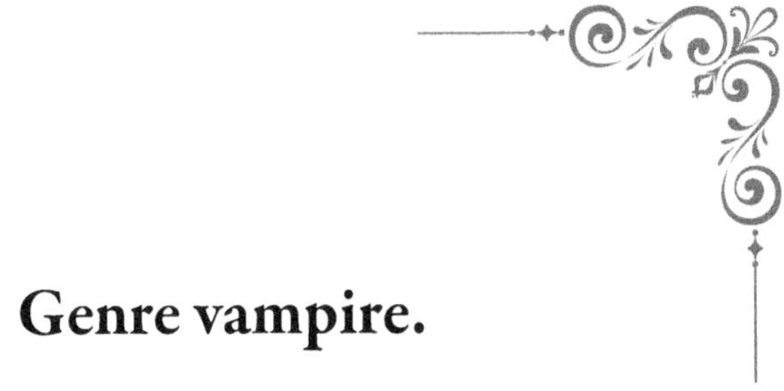

Genre vampire.

Puisqu'on peut se sentir femme et être femme, ou se sentir girafe et être girafe, pourquoi ne pourrais-je pas me sentir vampire et être vampire ? Je vais donc aller à l'état civil pour voir s'ils me laissent m'enregistrer comme vampire et officialiser ainsi mon vampirisme, et quand ils me demanderont si je suis un homme, je dirai que non, que je suis un vampire, et au passage je passerai les lois féministes qui criminalisent les hommes par la peau du cou. Comme je ne serai pas un homme mais un vampire, elles ne m'affecteront pas ha ha ha ha ha. Profitons des choses stupides que les progressistes font pour notre bien.

La chasse.

Le vampire est déjà dans son environnement naturel, le pub. Il est sorti seul, il est posté là, observant attentivement les filles du lieu. Soudain, l'une d'entre elles attire son attention, une blonde en robe blanche avec d'excellentes courbes. Cette fille est seule au bar, car elle est allée y commander sa boisson. Le détecteur du vampire l'a validée comme optimale pour être approchée. Elle est vraiment magnifique, elle a de belles cuisses, une très belle silhouette, très attirante, très jolie. Le vampire la regarde de loin, elle le regarde, il sourit légèrement et elle baisse les yeux un peu gênée car elle a compris que le vampire sait qu'elle le regardait, c'est juste le signe dont elle avait besoin. Le vampire n'hésite pas un instant, cela ne fait que deux secondes qu'il s'est rendu compte que la fille était là et il va déjà s'approcher d'elle avec son idée en tête. Le vampire profite de la situation stratégique et de l'énorme opportunité qu'elle soit seule. Le vampire se place à côté d'elle, lui sourit et lui dit.

-Ils mettent de plus en plus de temps à venir.

Elle rit et répond

-Oui, c'est vrai, cela fait un moment que je suis là et personne ne vient.

-Je vais le chercher pour vous.

Le vampire dit avec assurance et appelle le serveur qui, en peu de temps, semble être

Pendant ce temps, le vampire s'est déjà présenté et a embrassé deux fois, la fille s'appelle Alicia par exemple, elle vient de l'étranger et elle est ici avec des amis pour sortir ce soir, elle va bientôt aller dans sa ville qui pourrait être Valladolid par exemple.

Le vampire a plus de données qu'il n'en a besoin, il sait ce qu'il a à faire, le vampire a compris que c'est une jolie fille qui est sortie de la ville pour s'amuser, ce qui la rend beaucoup plus désinhibée, elle ne connaît pas très bien les lieux, et elle est réceptive à la parole, donc le vampire va mettre en place sa prédation immédiatement.

Le vampire demande

- avec qui es-tu ?

et elle répond

-Avec des amis de Santiago.

Le vampire dit

- Je suis la personne la mieux informée de cette ville et je peux vous emmener dans les meilleurs endroits - je peux vous emmener dans les meilleurs endroits.

Il lui donne donc un avantage, il est gentil, il est poli, en plus elle voit qu'il est tout seul et après tout le bien qu'il lui a fait, il serait un peu désagréable de ne pas l'impliquer dans la soirée et de le laisser de côté.

Où sont tes amis ? Viens, je veux les rencontrer.

Le vampire accompagne Alice et se présente à ses trois autres amies, qui sont bien sûr beaucoup plus laides qu'elle. Il sera poli, courtois, gentleman et amical avec elles pour qu'elles se sentent à l'aise. Il est là à raconter des choses, à faire de l'humour, les filles sont à l'aise et petit à petit une atmosphère de chaleur et de bien-être s'installe entre lui et elles. Elles l'ont totalement accepté. Au bout d'une vingtaine de minutes, le vampire propose de leur faire visiter la ville et les pubs les plus branchés. Bien qu'ils soient originaires de Santiago, ils vont toujours au même endroit et ne savent pas comment fonctionne le vampire qui se consacre à la vie nocturne depuis 30 ans. Le vampire les emmène dans un pub plus sombre et plus propice, avec plus de musique, plus de monde, où tout le monde est plus proche et cette intrusion dans leurs limites personnelles

les fait l'accepter encore plus parce que lui et les amis d'Alicia se touchent pratiquement.

Dans ce pub, il commence à créer un confort et une légère complicité avec les regards et les sourires d'Alicia, qui se sent à l'aise et commence à lui toucher légèrement les cheveux. Le vampire ne lui dit pas à quel point elle est belle, ni ne lui fait de compliments, ni rien d'autre, il est juste là à émaner de la masculinité, à être amusant, désinhibé, très peu préoccupé par le fait de flirter avec elle. Il s'amuse et elles s'amusent avec lui. On voit qu'il est à l'aise, qu'il n'a pas peur d'elles, qu'il a l'habitude de sortir avec des filles.

Certaines de ses amies sont attirées par lui et commencent à le draguer et à lui poser des questions, ce qui est un bon signe, car cela signifie qu'il attire les femmes et qu'il fait les choses correctement. Le vampire se concentre maintenant sur cette fille, ce qui donne à Alicia un sentiment d'abandon. Elle se rend compte qu'elle veut être avec lui et avoir plus d'importance. Le vampire qui déguise sa conversation avec l'autre amie de l'éducation la fait souffrir.

Puis ils boivent encore de l'alcool et rient. Quand Alice se sent abandonnée, le vampire lui dit

-Je vous montrerai ce qu'il y a de mieux ici.

Vous la prenez par la main, par exemple, et vous la conduisez dans un endroit plus isolé où vous lui dites -

la meilleure chose sur ce site, c'est moi

Une fois que vous l'avez séparée de ses amis, elle se sent plus à l'aise, se rapproche de vous et vous touche beaucoup, vous devenez fou et commencez à l'attraper par la taille et à ne plus la lâcher, vous vous sentez très à l'aise et confortable à côté d'elle et vous ressentez une très forte attirance en raison de cet espace minimal entre vous et du contact physique intense que vous avez. Vous faites une grimace effrontée, vous êtes désinhibé et dans ce cas effronté, vous lui touchez un peu les cheveux, et boum ! Sans plus attendre, vous vous approchez d'elle et l'embrassez. Cet endroit est souvent le bar du pub et pour vous récompenser de ce bon baiser, vous vous commandez une boisson qui a le goût de la gloire.

Ensuite, vous embrassez violemment cette fille et à la seconde où vous la bécotez ou que vous saisissez l'une de ses fesses et que vous la pétrissez pour finir, vous dites "quel cul tu as".

Alicia enfonce davantage sa langue dans ton corps et tu lui dis alors

-Je veux que tu viennes dormir avec moi.

Alicia vous répond

-Je suis avec mes amis.

et vous répondez

-Ne vous inquiétez pas, je ne mange personne, et quand vous voudrez revenir, je vous ramènerai.

Cette phrase et un autre bécotage plus fort qui suit convainquent complètement Alicia et elle va avec le vampire voir ses amis et leur dit qu'elle y va avec vous.

Vous quittez le pub et, en chemin, vous lui donnez encore trois ou quatre baisers, vous vous rendez à la voiture, vous montez et vous rentrez chez vous.

Sans plus attendre, elle s'allonge sur le lit et vous pouvez imaginer ce qui se passe. Le vampire passe la nuit à baiser cette femme inconnue et lubrique qu'il vient de rencontrer.

Le vampire la baise à quatre pattes, sur elle, elle sur lui, elle le suce et vous jouissez trois fois dans sa chatte chaude et humide.

Le matin, au réveil, vous vous dites que j'allais tout perdre en ne l'abordant pas ! Mon Dieu, combien de femmes ont été perdues à cause de leur lâcheté.

Mais pas toi, le vampire, tu n'es pas un lâche et tu l'as prouvé.

Quand Alice se réveille le matin, après avoir très peu dormi, vous l'emmenez chez ses amis et vous rentrez chez vous heureux et satisfait du travail accompli.

Vous notez le nouveau morceau que vous avez atteint sur la liste et vous dormez agréablement. Lorsque vous vous réveillez, vous réalisez à quel point vous avez apprécié votre travail et vous ressentez une poussée d'adrénaline, une plus grande confiance en vous, une plus grande estime de soi, une plus grande force de frappe.

Vous avez l'impression d'être le putain de maître, le patron de la ville, le putain de maître, et c'est comme ça.

Et c'est la chasse, c'est ce qui nous fait vivre, nous les séducteurs, les vampires et tous les Dieux. Longue vie à la chasse.

La fille, quelle différence cela fait-il ? Elle reviendra et lorsque vous voudrez l'appeler, un mois se sera écoulé et le moment aura été perdu. Cette fille ne sera jamais perdue, elle fera toujours partie de votre pouvoir. Ça aide d'être conscient de son putain de pouvoir. Une fille géniale. Elle apporte plus que n'importe quelle petite amie.

Cette fille vous donnait l'impression d'être un macho, un baiseur, un putain de gagnant. Elle ne créait pas d'ennuis, elle les apportait. Le meilleur de votre vie.

Le vampire vous parle.

Vous qui lisez ou écoutez ceci, où que vous soyez et qui que vous soyez, vous êtes mon ami. Je m'identifie à toi et à tes problèmes, parce que je les ai tous traversés et que j'ai souffert le plus, et grâce à de nombreuses épreuves de toutes sortes, économiques, sexuelles, amoureuses, émotionnelles, grâce à la traversée d'une crise et surtout grâce à l'immense travail et à l'énorme effort pour continuer à aller de l'avant, ne pas abandonner et essayer de s'améliorer, sans se satisfaire de ce que l'on est, je suis arrivé là où j'en suis arrivé.

Je veux que vous alliez aussi loin que vous le souhaitez, parce qu'il n'y a vraiment pas de limites, mais vous vous contentez de quelque chose que vous considérez comme acquis. Je veux que vous compreniez que j'aimerais pouvoir vous influencer d'une manière plus puissante qu'à travers ce livre, et d'ailleurs je ferai des vidéos où tout sera mieux expliqué, mais pour l'instant c'est ce qu'il y a, et vous devez en profiter et bien vous motiver pour vous transformer en ce que vous voulez être.

Aujourd'hui, avec la sagesse de l'âge, je vois clairement tout le passé et je suis très fier de ce que j'ai fait et enthousiaste à l'idée de faire de nouvelles choses. Je suis le vampire, l'enculeur de vampires qui a terrorisé cette ville pendant des décennies, et je vous laisse le soin de perpétuer mon héritage dans votre ville, en étant un enculeur de vampires qui s'amuse et vit une vie merveilleuse.

Je ne veux pas ceci ! Je veux ceci ! Je veux cela ! Je vais me battre pour cela ! Soyez irrévérencieux et ne vous arrêtez pas avant d'avoir atteint votre objectif.

Soyez l'empaleur.

Le sombre.

Le redoutable.

Le plus puissant.

Sois un putain de séducteur de vampires.

Le triomphe ne doit pas concerner uniquement les femmes, il doit être holistique, il doit être total.

Les hommes doivent se réveiller et réaliser que la vie du vampire séducteur est bien plus satisfaisante que n'importe quelle autre.

Pendant que les gens se réveillent, nous, qui savons déjà ce que nous sommes, continuons notre prédation.

Je sais tout, je vois tout, je sais ce que vous pensez, je vois votre aura même de loin, je suis le vampire.

Voilà ce que j'avais à dire sur le vampire séducteur. Merci de m'avoir écouté.

La nuit des vampires.

Oui, ce soir est le meilleur soir de votre vie, ce soir vous allez sortir dans les ruelles lugubres de votre ville. Veillez à ce qu'il fasse nuit, la nuit est notre amie. Oui, ce soir tu vas sortir pour séduire une superbe gothique que tu rencontreras dans un pub sombre et tumultueux. Puis à l'aube, si la conquête a été bonne, vous rentrerez dans votre demeure pour vous cacher du soleil avec elle, Profitez au maximum de cette nuit avec elle, c'est ce que vous avez, vivez l'instant. Les vampires vivent comme ça, d'instant en instant.

La meilleure nuit de votre vie,

Jouons !

Did you love *Le sedusant vampire*? Then you should read *Attirer les Femmes par la Masculinité*[1] by John Danen!

Apprenez l'art d'attirer les femmes par la masculinité. Transmettez vos qualités les plus masculines et devenez un homme convoité par les femmes.

---

1. https://books2read.com/u/boyxvp

2. https://books2read.com/u/boyxvp

Also by John Danen

Seduction 5.0
S.A.X.
Chicas complicadas
Seducción 5.0
El libro del tonto
Macho Alpha
Macho alpha extracto
La seducción después de la pandemia
Terriblemente atractivo
Seducción 5.1
Sedução 5.1
How to be Cool and Attractive
Sedução. Avançada. X.
Garotas complicadas
¡Basta de ser buen chico! Sé un chico malo.
El método JD. El método de seducción de John Danen
El arte de agradarte a ti mismo
¡Basta ya de abusos! ¡Defiéndete!
Enought with the abuse! Defend yourself!
Máster en seducción
Las mujeres. El amor. Y el sexo.
Supera la dependencia emocional
Atrae mujeres con masculinidad
JD Absoluta seducción
El fracaso del amor

Entender a las mujeres
La vida del seductor sinvergüenza y encantador.
El arte de la dureza
Terrivelmente atraente
Deixe de ser um bom da fita! Seja um mauzão.
Superar a dependência emocional
A arte de se agradar
Pare o abuso! Defenda-se!
O fracasso do amor.
O método JD
Don´t Be a Good Boy! Be a Badass
Complicated girls
The Art of Pleasing Yourself
Duro y Sinvergüenza
Mestre en sedução
JD Method
The Failure of Love. The Trap of Serious Relationships
Master in Seduction
A. S. X. Advanced. Seduction. X
Women. Love. Sex
How to Become a Real Man. Be an Alpha Male
Attract Women with Masculinity
JD Absolut Seductión
Understanding Women
The Life of the Shameless and Charming Seducer.
The Art of Toughness
Tough and Shameless
Überwindung der Emotionalen Abhängigkeit
Maître en séduction
Schrecklich Attraktiv
Surmonter la Dépendance Émotionnelle
L'art de la dureté
Die Kunst der Zähigkeit

Hör auf, ein guter Junge zu sein, sei ein böser Junge
Assez D'être un Bon Garçon ! Sois un Mauvais Garçon.
Die Kunst, sich Selbst zu Gefallen
Dur et sans Vergogne
Hart im Nehmen und Schamlos
L'art de se Plaire à soi-Même
Das Scheitern der Liebe
L'échec de L'amour.
Meister der Verführung
Die JD-Methode
Maestro di Seduzione
Terriblement Attrayant
La Méthode JD
Capire le donne
Compreendendo as Mulheres
Comprendre les Femmes
Die Frauen Verstehen
Les Filles Compliquées
Komplizierte Mädchen
JD Séduction Absolue
La Vie du Séducteur Charmant et sans Vergogne
Les Femmes. L'amour. Et le Sexe.
Mâle Alpha
S.A.X.
V.F.X.
Donne. Amore. E il sesso.
Ragazze Complicate
Superare la Dipendenza Emotiva
Seduzione. Avanzata. X.
Dark Seducción
Il Fallimento Dell'amore.
Il Metodo JD
Alphamännchen

Atrair Mulheres com Masculinidade

Attirare le donne con la Mascolinità

Attirer les Femmes par la Masculinité

Mit Männlichkeit Frauen Anziehen

Frauen. Liebe. Und Sex.

L'arte di Piacere a se Stessi

Mulheres. Amor. E Sexo.

JD Seduzione Assoluta

JD Absolute Verführung

JD Sedução Absoluta

Das Leben des charmanten, schamlosen Verführers

Smettila di Fare il Bravo Ragazzo! Essere un Cattivo Ragazzo.

La Vita del Seduttore Affascinante e Spudorato

A Vida do Sedutor Encantador e sem Vergonha

Macho Alfa

Uomo Alfa

Séduction 5.0

Verführung 5.0

Seduzione 5.0

Duro e Senza Vergogna

Duro e Sem Vergonha

L'arte della Durezza

A Arte da Dureza

The Fool's Book

Das Buch der Dummköpfe

Il Libro dei Pazzi

O Livro do Tolo

Dark Seduction

Dunkle Verführung

Sedução Escura

Dark Seduction

Seduzione Oscura

Le livre du fou

Como materializar lo que deseas con el fxxxxxx power

Como materializar o que você quer com o Fxxxxxx Power

El ángel Sex-terminador

El seductor vampiro

O Vampiro Sedutor

Sex-Terminating Angel

The Vampire Seducer

How to Materialize What You Want With The Fxxxxxx Power

El camino del maestro

Il vampiro seduttore

O camiño do mestre

La via del maestro

Der verführerische Vampir

Le sedusant vampire

Der Weg des Meisters

La voie du maître de la séduction

The Way of the Master

Come materializzare ciò che si desidera con il Fxxxxxx Power

Wie Sie Ihre Wünsche verwirklichen können mit dem Fxxxxxx Power

El método EDP

O método EDP

The EDP method

About the Author

Español.

Soy un hombre vividor y divertido que busca el lado bueno de las cosas siempre.

Mi experiencia es el campo de las relaciones personales y de la seducción. Por eso tras dedicarme larguísimas décadas a ello, quiero trasmitir mis conocimientos. Para que las nuevas generaciones tengan unos conceptos que les den una ventaja competitiva sostenible y poderosa en el campo del amor.

Quiero ayudarte a a conseguir tus metas.

Portugués.

Sou um homem animado, e divertido, que sempre procura o lado bom das coisas.

Minha experiência está no campo das relações pessoais e da sedução. É por isso que, após décadas de dedicação a ela, quero transmitir meus conhecimentos.

Quero ajudá-los a alcançar seus objetivos.

Inglés

I am a lively and fun man, who always looks for the good side of things.

My experience is in the field of personal relationships and seduction. That is why, after decades of dedicating myself to it, I want to pass on my knowledge. So that the new generations have concepts that give them a sustainable and powerful competitive advantage in the field of love.

I want to help you achieve your goals

Français Je suis un homme vif et drôle qui cherche toujours le bon côté des choses.

Mon expérience se situe dans le domaine des relations personnelles et de la séduction. C'est pourquoi, après m'y être consacré pendant des décennies, je veux transmettre mes connaissances. Pour que les nouvelles générations disposent de concepts qui leur donnent un avantage concurrentiel durable et puissant dans le domaine de l'amour.

Je veux vous aider à atteindre vos objectifs.

* 9 7 9 8 2 2 4 0 9 0 0 1 3 *